사랑부자로 살아요

김정민 일곱 번째 시집

사랑 부자로 살아요

초판 1쇄 인쇄일 2025년 09월 30일
초판 1쇄 발행일 2025년 10월 20일

지은이 김정민
펴낸이 양옥매
디자인 표지혜
교 정 조준경
마케팅 송용호

펴낸곳 도서출판 책과나무
출판등록 제2012-000376
주소 서울특별시 마포구 방울내로 79 이노빌딩 302호
대표전화 02.372.1537 **팩스** 02.372.1538
이메일 booknamu2007@naver.com
홈페이지 www.booknamu.com
ISBN 979-11-6752-696-0 (03800)

* 저작권법에 의해 보호를 받는 저작물이므로 저자와 출판사의 동의 없이 내용의 일부를 인용하거나 발췌하는 것을 금합니다.
* 파손된 책은 구입처에서 교환해 드립니다.

김정민 일곱 번째 시집

사랑부자로 살아요

책과나무

사회복지학과

추천의 글

무관심의 세상에 사랑의 꽃을 피우다

정민이를 알게 된 것은 학교 강의 시간이었습니다.
한 송이 꽃같이 아름답고 햇빛같이 밝은 모습으로 강의를 듣는 모습이 마치 천사를 보는 듯했습니다. 그 사람을 완전히 알려면 그 사람의 글을 통해서 알 수 있습니다.

이번 7번째 시집 『사랑 부자로 살아요』는 그가 살아온 사랑받은 딸로서의 자신을 그대로 나타내고 있습니다.
면역결핍증으로 건강이 병들고 사랑 결핍증으로 정서와 마음이 병든 세상에 이 시집이 출판됨으로 사랑 결핍증에서 해방되어 하나님 사랑으로 치유되는 기적이 일어날 줄 믿습니다.

역경을 순경으로 승화시킬 그리스도인, 절대 절망에서 희망의 노래를 부른 하나님의 딸, 그가 바로 정민이입니다.

가시밭에서 핀 장미꽃처럼 연못에서 핀 연꽃처럼 그리스도의 향기를 듬뿍 받고 피어난 사랑 꽃, 정민이를 생각하며 이 시를 읽기 바랍니다.

무관심과 증오의 세상을 살아가는 많은 사람들이 이 시를 읽고 정민이가 만났던 사랑의 하나님, 사랑의 그리스도를 함께 만나 사랑의 꽃들로 다시 피게 되기를 소망해 봅니다.

정민아! 사랑한다.

하나님의 딸 길이 건강하고 더 좋은 시를 많이 써서 그리스도의 사랑이 물이 바다를 덮음같이 온 세상에 충만하기를 기원하며 기쁨으로 추천합니다.

사랑하고 축복합니다.

정인찬 (웨스트민스터 신학대학원대학교 7대~10대 前 총장)

추천의 글

사랑을 시로 부르는 사람
김정민 시인의 일곱 번째 시집을 축하하며

스물네 살 김정민 시인이 벌써 일곱 번째 시집을 세상에 내놓았습니다. 일곱 권의 시집, 일곱 번의 고백, 그리고 일곱 갈래의 사랑이 모여 오늘이라는 빛을 이뤘습니다.

정민 시인의 시는 조용히, 그러나 깊이 우리 마음에 말을 겁니다. 세상을 향한 경이로움, 가족을 향한 고마움, 스쳐 가는 바람과 햇살을 향한 애정까지….

그의 시는 사랑으로 시작해 사랑으로 끝납니다. 말로 다 하지 못한 감정들을 시로 담아낼 때, 우리는 진심이 얼마나 큰 울림이 되는지 다시금 느끼게 됩니다.

남들과 조금 다르다는 이유로 누군가가 세상을 느끼는 방식이 특별하다고 한다면, 정민 시인은 그 '특별함'을 '아름다움'으로 바꾸는 시인입니다.

그의 시는 남들과 다르지 않아서가 아니라, 누구도 대신할 수 없는 진심이 담겨 있기에 더욱 특별합니다. 그것이 바로 사랑의 힘이고, 시인의 사랑이 우리에게 전해지는 방식입니다.

스물네 살의 나이에 일곱 권의 시집을 냈다는 건, 단순한 성취 이상의 의미를 지닙니다. 그것은 끊임없이 자신을 믿고, 기다리고, 표현해 낸 삶의 증거입니다.

누군가는 시를 통해 세상과 멀어지지만, 정민 시인은 시를 통해 세상과 가까워지고, 독자들의 마음과 연결됩니다.

그의 시는 거창한 언어나 화려한 기교보다도, 작고 조용한 사랑의 목소리를 들려줍니다. 그래서 더 오래 기억에 남습니다. 누구보다도 깊이 사랑하고, 묵묵히 써 내려간 시간들이 이 시집 속에 고스란히 녹아 있습니다.

김정민 시인의 일곱 번째 시집은 하나의 작품을 넘

어, 한 사람의 삶과 성장, 그리고 사랑의 기록입니다. 우리는 그 시를 읽으며 다름 속에 숨어 있는 빛, 세상을 향한 따뜻한 시선을 배웁니다.

　이 아름다운 여정을 응원하며, 시인이 써 내려갈 여덟 번째, 아홉 번째 시집도 벌써부터 기대됩니다. 사랑의 언어로 세상을 밝혀 주는 김정민 시인, 진심으로 시집 발간을 축하드립니다.

윤성환(장산의료재단 이춘택병원 병원장)

추천의 글

정민이를 통해 희망을 보다

인간의 성장을 보는 건 참 흐뭇한 일이다.

내게 있어서 그런 감정을 느끼게 하는, 가장 의미 있는 사람은 바로 정민이.

정민이를 만난 지 11년. 그 시간 동안 나는 인간은 본인의 의지와 주변 사람들의 응원과 사랑이 있으면 얼마든지 성장할 수 있는 존재라는 걸 깨닫게 되었다. 자주 만나지는 못하지만 정민이를 볼 때마다 변화하는 걸 느낄 수 있었으니까.

불편했던 몸이 점점 더 자유로워진 것도 그렇지만 더 놀라웠던 건 정신의 변화.

물론 처음 만났을 때에도 정민이는 주님의 은혜와 사랑에 감사하는 아이였다. 하지만 이제는 감사하는 마음과 더불어 다른 사람에게도 힘과 용기를 줄 수 있는 존재가 되었다.

어른이 되었다는 뜻이다. 더불어 희망도 보게 되었고.

정민이의 시가 사람들에게 또 어떤 희망을 전해 줄지, 정민이가 앞으로 또 어떻게 성장해 갈지 무척 기대된다.

한수옥(작가)

추천의 글

더해 가는 사랑의 깊이로 삶이 풍성해지다
사랑 부자 정민이의 시집 출간을 축하하며

　사랑 부자로 살아가는 우리 정민이가 어느덧 일곱 번째 시집을 출간하게 되었습니다.
　신학을 공부하면서부터 주님 사랑의 깊이가 더해 가는 정민이를 보면서 마음이 뭉클했습니다. 주님이 주신 귀한 말씀과 찬양을 글로 써서 아름다운 시로 만들어 내는 정민이는 주님을 닮았습니다. 주님 향한 사랑, 주님 주시는 사랑 아니면 설명할 길이 없습니다.
　신학교에 입학하여 주님 주신 애틋한 사랑을 더욱 가까이에서 느끼며 살아가는 정민이의 삶이 한 편의 시로 더욱 풍성해지고 있습니다.

　시집을 읽는 내내 참 행복했습니다. 그 어떤 것으로도 표현하지 못할 주님의 사랑을 고요히 느낄 수 있었거든요.

사랑을 고백하고 노래하는 정민이의 글이 많은 이들에게 울림이 되기를 바라봅니다. 사랑이 넘쳐 이미 부자가 된 정민이의 글에서 주님 사랑을 꼭 느껴 보셨으면 좋겠습니다.

승자(사랑 부자 정민이를 아끼는 선생님)

작가의 말
또 한 번 사랑을 담아 보냅니다

 안녕하세요. 지금까지 함께 달려와 주신 독자 여러분 어느덧 7집이에요.
 1집 《정민이가 보는 세상》으로 인사드린 지도 11년이 흘렀네요.
 6집 《사랑하는 이들과 부르는 노래》 이후에는 잠시 쉬어 가려 했으나 관심과 사랑으로 기다려 주시는 분들, 그 기다림의 시간을 줄여 드리기 위해 방향 틀어 이 가을 다시 찾아왔습니다.

 이번에는 또 한 번 사랑을 담아 보았습니다.
 사랑이 무엇인지 생각합니다. 여기서 다루는 사랑은 이성 간 사랑은 아니고요. 그 사랑은 아직 몰라서요.
 제가 받았고 받고 살고 있는 예수님 사랑을 녹여

내 봅니다.

  왜 이리 반복하는지 물으신다면, 이 사랑이 크기 때문입니다. 아무리 많은 시를 써도 모자라기에 또 적어 내렸습니다. 이제 사랑의 세계로 초대합니다.

  이 모든 일은 주님께서 하셨습니다. 주님께만 모든 영광 올려 드립니다. 감사합니다.

추천의 글 9   작가의 말 18

Chapter 1
같이 부르는
행복 노래

손을 봐 | 30

아름다운 이유 | 31

이 모습으로 | 33

잠잠히 | 35

집 | 37

너를 찾는 이유 | 38

오늘이라는 행복 | 39

이 마음으로

오늘도 | 41

그분과 함께 | 42

바라보고 있어 | 43

언제나 너와 | 44

나를 생각해 | 46

너를 찾아 | 47

너와 같이 걸을 때 | 48

너의 이유 | 49

너의 자리에서 | 51

더 큰 꿈으로 | 52

차례

곁에 있을게 | 53

나만을 너만을 | 55

너와 함께 걷는다 | 56

너와 함께 노래한다 | 57

너와 내가 | 58

네가 있어서 | 59

다시 겸손 | 61

미안하고 고맙고 사랑해 | 63

발자국 | 64

어떤 모습이어도 받아 주는 사랑 | 65

엄마를 위한 감사 기도 | 66

여행가 | 67

채워 간다 | 69

하나라도 | 70

너에게 | 71

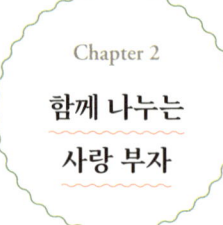

Chapter 2
함께 나누는
사랑 부자

강같이 바다같이 | 74
겸손 | 76
사랑만으로 | 78
예뻐 | 79
한 가지 소원 | 81
그대로 사랑해 | 82
그럼에도 사랑해 | 83
끝까지 이긴다 | 84
나를 봐 너를 봐 | 86
내 손안에 | 88
너를 사랑해 | 90
사랑해야 하는 이유 | 92
널 사랑한다면 | 93
널 소중히
여기는 이유 | 94
물결 | 96
오늘도
고백하는 것 | 97
잊지 않으면 돼 | 98
너와 함께하려고 | 99

삶이 노래일 수 있는
이유를 | 101
오늘도 나를 세운다 | 103
행복하기로 했다 | 104
빛으로 | 105
세우는 자리에 | 108
소중해 | 109
이대로 사랑하시네 | 110
너를, 너랑 | 112
멈추지 않아 | 114
빛나도록 | 116
주어진 삶에 | 118
행복한 너를 | 120
향기가 | 121
우리를 | 122

Chapter 3
나를 일으키는 십자가 사랑

겸손히 나와 | 124

고백대로 | 125

나와 함께 | 127

내 십자가
사랑으로 | 129

내 힘으로 | 130

내가 왔다 | 131

너 사랑하니까 | 132

다시 일어나자 | 133

생명 길 | 135

이런 삶이면
좋겠어 | 137

찾아야지 | 138

해와 달 | 139

귀한 너를 위하여 | 140

나의 삶이
노래 되어 | 141

날마다 사랑해 | 142

내가 사랑해서 | 145

내가 필요해 | 147

너를 위해

너에게로 왔어 | 148

너에게 아낌없이 | 149

네 어떠한 순간에도 | 151

사랑으로 약속했어 | 155

기다리는 사랑으로 | 156

나에게 와 있을 때 | 157

내 너를 사랑해 | 159

너 쉬고 싶을 때 | 161

너 | 162

너에게 주고 싶은데 | 163

네 가치 나에게 | 164

위로자 | 166

이토록 사랑해 | 167

행복하게 하려고 | 169

사랑해 | 172

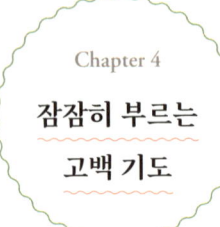

Chapter 4
잠잠히 부르는 고백 기도

노래하는 이유 | 174
사용당하자 | 175
살게 하소서 | 176
채워 주심을 | 177
기도하는 마음으로 | 178
내 속에서 나오는 고백 | 180
내가 걸을 수 있는 이유 | 182
너와 함께 오늘도 걷는다 | 183
살아 내는 노래 | 185
삶으로 고백합니다 | 186
어떤 상황에도 | 187
잠잠히 부르는 노래 1 | 188
잠잠히 부르는 노래 2 | 189

지금 | 190

함께 계시기에 | 191

나를 드립니다 | 192

나를 예배자로 | 194

내가 걷는 길 나의 삶 | 195

내가 이제는 | 197

너의 노래 | 199

네가 설 수 있는 이유 | 200

들어 봐 | 201

쉼을 고백합니다 | 203

쓰러짐을 고백합니다 | 206

그렇기에 노래합니다 | 208

내 자리로 | 210

내가 걷는 길 | 212

다시 주님을 기다립니다 | 213

어린 나를 | 214

지금 네 꿈을 | 216

사랑하고 있는데 | 217

삶의 노래를 부른다 | 219

Chapter 1

같이 부르는
행복 노래

손을 봐

손을 봐
너를 잡은 손

너는 알잖아
흔들려도 다시 일어날 수 있다는 사실

넌 나로 사니까
너로 사니까

우리는 하나
나를 보며 걷는 너

너를 안는 내 손
내 손잡고 언제나 승리해

아름다운 이유

날 사랑하는 이유

널 사랑하는 이유

우리 사랑은

이유가 있지

너 사랑하는 이유

너와 함께 하고픈 이유

내가 무너져도

다시 일어나는 이유

사랑 때문이야

사랑하는 사람들과

함께하며

나 전하는 시와 글 쓰고 있는 이유
내가 만나게 하고 쓰게 하니까

잊지 마
너는 내 안에 있어

네 모든 사람
내 손에 있어
모든 일 모든 걸음 내가 할게

이 모습으로

이 마음으로 살래요
주님 주신 사랑 찬양

지금껏 받은 사랑을
작은 손으로 나누며

고백이 거짓되지 않도록
주님께 더 가까이

점점 더 마음 담아
쓰고 부르며 살게

그렇게 해 주셔서
감사합니다

오늘도
이 자리에 있다는 사실에

감사하는 날
이루어 주셔서

매 순간 이 마음으로
쓰며 부를 수 있도록

끝없이
기도하는 모습

이 모습 나타내는
주님 자녀로 빚어 가심 보며
찬양합니다

잠잠히

낮은 목소리로

우리 이야기

네 이야기

전할 수 있니

지금보다 더

낮은 자세로

내 사랑을

전할 수 있니

잠잠히

가만히

~~들~~을 수 있니

내 이야기

매일 말하려 말고
내 사랑으로
사랑할 수 있니
이 사랑 쓸 수 있니

잠잠히 나와
함께하자

나에게 더 가까이 와
나에게 더 시간을
아니 네 시간은
내 시간이지

그래, 잠잠히
나에게 오렴
난 여기
너와 함께하니

집

집 행복
빛으로

내 집 되게
살아야

집 사랑으로
집 채워야 해

네 마음 집
나로 채워 네 마음 집

나로 살고 있어
가득 차지하고 싶어

너를 찾는 이유

너와 함께 노래하고 싶어서
너와 함께 꿈꾸고 싶어서

오늘도 너를 찾는다
오늘도 너를 부르고 있다

나의 노래로
사랑과 꿈을
주고 싶어서
꾸게 하고 싶어서

오늘이라는 행복

오늘 행복하고
오늘 너를 사랑하고
오늘 너를 바라본다

함께 걷는 오늘 행복하다
내가 너라서 좋아

힘들고 지쳐도 너와 나
하루가 이렇게 또 지나간다

주님이 함께하시니 행복하다
하루가 끝나 가는 지금도
내 하루에 행복이 묻어난다

너는 나와 또 행복을 그려 냈다
주님이 함께 그려 주셨다

주님이 그려 주신
오늘 하루 행복

이 마음으로 오늘도

오늘도 이 마음으로
행복한 마음으로

나 바라보면서
삶으로 전해

이렇게 나를
이 마음 담아

너와 나의 사랑
내 사랑 얼마나 깊은지

그분과 함께

그분과 함께 걷는다
내 노래 되시는 분

그분과 함께 걷는다
내 모든 것 되시는 분

나는 오늘도 걷는다
행복이신 그분과 함께 이 길을

그분과 함께 걷는다
내 노래 되시는 분

바라보고 있어

바라보고 있어 너를
날마다 너를 바라보고 있어

나를 생각하지 않을 때에도
난 너를 위해 그 자리에

너의 곁 너의 안
너의 모든 곳 시간 속에

너와 나는 하나
함께하고 있어

나를 느끼지 못한다 해도
사랑으로 바라보고 있어

언제나 너와

언제나 너와
함께하고 싶어

언제나 너를
사랑하고 있어

너를 보고 있어
보고 싶어 너를

너의 마음을
너의 믿음을

너를 보일 수 있니
이미 난 너를 알고 있어

네 마음을 알아

너를 보고 있어

너의 삶은

너의 삶은 내 계획 속에 있어

함께하고 싶어

사랑하고 있어

나를 생각해

힘들고 지칠 때
나를 생각해

너만 바라보는
나를

기쁠 때
나를 생각해

네 모든 순간
나를 생각해

너를 찾아

너를 찾아 나에게서
너를 찾아 내 사랑에서

너를 찾아 다시
내 사랑 안에서

내 안에 살아야
너는 내 안에

너와 같이 걸을 때

내가 너와 같이 걸을 때
그때 너일 수 있어

내가 너를 찾아 줄 수 있어
나만이 영원히 사랑할 수 있어

나는 너를 처음부터 알아
너는 나
네 안에 내가 있어

너는 나의 이야기
너는 나의 꽃이야

그래 너일 수 있어
내가 너와 같이 걷는 그때

너의 이유

네가 사는 이유
내가 사는 이유

우리가 사랑하고 꿈꾸며
노래하는 희망

그 마음 어디에
그 가락 어디에

우리가 부르는 소리
함께하는 그 자리

우리가 있다
행복이 있다

여기에 있어
노래하는 삶

쓸 수 있는 이유
살고 있는 이유

너의 자리에서

너의 자리에서
나를 드러내

지금 자리에서
너 행복하기를

나를 보여 주는
너 행복해

네 받은 사랑을 보여 줘
나를 이 자리에서

네 자리에서 나로 인해
새로운 꿈을 꾸는 너와 함께하는 나

더 큰 꿈으로

더 큰 꿈으로
함께하고 싶어

너의 길 힘이 되어 줄게
너의 곁에서 함께

꿈을 꾸고 있어
너와 같이 걸어

이렇게 손을 잡아
같이 걸어갈게 너와

너 지칠 때 힘이 되어
꿈꾸며 살아갈게

곁에 있을게

네 곁에 있겠다는 마음으로
쓰고 살고 있으니

이 시를 읽는 너
행복하기 바라

곁에 너의 곁에 있을게
힘들 때라도 너와 노래 부르면
나는 행복해

쓰고 싶지 않을 때도
너를 떠올려 부를게

나는 너에게

너는 나에게

소중하니까
사랑이니까

나만을 너만을

나만을 너만을
오직 하나만 담고 싶어

오늘 이 하루 너만을 위해
함께하는 순간만을

한 줄에 사랑
또 다른 줄에 행복

마음으로 가고 있어
너를 향해 가고 있어

힘께 띠나고 싶이
나의 세계로

너와 함께 걷는다

사랑한다는 말 한마디가 필요하다면
먼저 사랑해

네 맘 알아듣고 싶다면
먼저 다가가기

받고 싶다면 주고
힘들 때 함께 걷기

나 아닌 너와 걷는 길
나와 네가 함께 가는 길이 지름길

너와 함께 노래한다

너와 함께 노래한다
너와 나 모든 순간이 노래

서로에게 노래인 우리
나와 너 함께 부르며 간다

너를 듣는다
너를 부른다

우리 노래한다
나와 너를 노래한다

너와 내가

너를 바라본다
함께 걷는 우리

마음으로 본다
사랑한다

우리 동행 영원해
서로를 향한 마음으로

깊이 볼 수 있을 때
너와 내가 하나 될 때

네가 있어서

네가 있어서
내가 있어

네가 있어서
전할 수 있어

네가 있어서
사랑할 수 있어

네가 있어서
지쳐도 괜찮아

다시 일어날 수 있어
네가 있어서

우리는 언제나 함께할 거야

함께 만들어 가는 거야

아름다운 세상

우리가 있어서

다시 겸손

너를 너로 드러내기보다
너의 삶을 통해 행복만
다시 드러나길

허리 숙이고 살아도
당당할 수 있어
행복하다면

알고 있잖아
네가 당당할 이유
진정한 너만 드러나길

너를 드러내는 일이
행복을 드러내는 길

진짜 너를 보여 줘

다시 행복을

미안하고 고맙고 사랑해

오늘도 내일도 엄마 아빠
미안하고 고맙고 사랑해

날마다 행복하길 바라며
기도하고 살아가는

나를 사랑하는 마음으로 살아가는
엄마 아빠 사랑하고 고마워

주님 마음으로 살아 줘서 고마워
이렇게 살아 보여 주는 엄마 아빠

원하고 바라봐 주는 엄마 아빠
미안하고 고맙고 사랑해

발자국

발자국마다
너와 함께

너를 위한 걸음
같은 길을 가길

내가 원하는 길이
네가 가는 길

네가 가는 곳이
내 발자국 마음 닿는 자리 되기를

어떤 모습이어도 받아 주는 사랑

어떤 모습이어도 받아 주는 사랑
나 사랑과 함께 산다

같은 곳을 보며 간다
그 사랑으로 여기 있다

같이 울고 웃고
아프고 사랑하며

언제나 함께하는 이름
그 이름 엄마 아빠

엄마를 위한 감사 기도

몸도 마음도
아프지 않게 해 주셔서
감사합니다

깨끗이 씻어 주셔서
감사합니다

사랑받을 수 있어
감사합니다

지금까지 함께해 주시고
함께할 날 주셔서
감사합니다

여행가

여행가로
난 여행가로 산다

오늘도 빠졌다
함께하는 삶의 여행에

때로 어딘가 허전할 때
찾는다 너를

너를 보고 삶을 이어 가는 나
나는 여행가

네 속에 모든 순간
내가 듣고 싶은 이야기들

네 속에 들어 있다

오늘도 내 곁에 너 고맙다

채워 간다

함께 주님 이야기
나를 통해 하시고 싶은
행복 이야기

사랑으로
채워 간다
주님과 내 이야기

하나라도

하나라도 더 줄래
스승 사랑

알려 주고 이끌며
함께하고 싶은 마음

감사하고 감사합니다

너에게

너에게 전할 수 있어
나는 행복해

너에게 쓸수록 행복해
너와 함께할 수 있어 행복해

Chapter 2

함께 나누는
사랑 부자

강같이 바다같이

강같이
바다같이

넓은 주님의
사랑으로

안아 주시는
그 사랑으로

오늘도
오늘을
살아갑니다

강같이

바다같이

넓은 주님의
사랑으로

안아 주시는
그 사랑으로

오늘도
오늘을
살아갑니다

겸손

마음으로
끝까지 사랑하며

무너지더라도
안에서 살아 내야

무너지는 마음
주님으로 행복으로
일으키며

앞에서 낮게
당당하게 전하며
사랑으로 산다고

쓰는 이유 행복이니까

더 그 안에서 살아야

사랑만으로

사랑만으로
말하고 싶어요

사랑으로
재우고 싶어요

내 마음을
사랑만으로

예뻐

함께하려는
네 모습

나누려는 모습
다 내어 준 나처럼

나도 전하며
내어 주렴

넌 부자니까
사랑 부자

피로 죽기끼지
사랑한 자녀

너도 알지

나 전하는 모습이
아름답고

때마다 마음 고백
예쁘다는 사실

오늘은 또 어떤 사랑을
어떻게 표현할까

매일 듣고 싶어
매일 말해 주고 싶어
내 말 들어 줘

한 가지 소원

뭘 하든지 않든지
주님 사랑하는

뭘 하든지 않든지
나 사랑하는

뭘 하든지 않든지
가족 사랑하는

이렇게 살아가는
이렇게 사랑하는
나 되기를

그대로 사랑해

널 그대로 사랑해
네 모습 그대로

난 행복해
널 사랑할 수 있어서

너와 함께
웃을 수 있어서

널 그대로 사랑해
네 모습 그대로

그럼에도 사랑해

끝까지 사랑해
널 포기 안 해

나만 줄 수 있어
무한한 사랑

무너져도 깨져도
내가 사랑해

오늘도 사랑해
그럼에도 널 사랑해

끝까지 이긴다

너는 끝까지 이긴다
나로 이긴다

이기는 거야
지는 듯해도

넌 매일 행복해
네겐 내가 있으니

넌 부자야
사랑 부자

나랑 사니까
영원히 행복해

끝까지 이긴다
내가 사랑하니까

행복 길 내 안에서
넌 이긴다

나를 봐 너를 봐

나를 통해 너를 봐
너를 통해 일하는 나를

너를 사랑하고
너와 함께하는 나

너를 지어
이 땅에 살게 한

나를 통해 너를 봐
오늘도 너를 사랑해

내 사랑 안에서
진정 너를 봐

나를 봐 사랑을
이 피의 사랑 빛으로

내 손안에

너는 내 손안에
늘 말씀하시니

너는 내 사랑 안에 있어
주 품 안에 품어 주시니

내 손으로 꼭 잡고
함께 갈 거야

이 약속이 나를
여기까지
이 자리에

주님 손안에 있는 기쁨

주님 손안에서

날 붙드시는 주님 손을
노래하며 사는 삶

주님 손안으로 매 순간
부르시는 그 사랑으로
오늘도 살아갑니다

너는 이 손안에
너는 내 손안에

너를 사랑해

너를 그토록 사랑한 이야기
내 이야기 들어 보렴

너에 관한 이야기 들어 봐
네가 얼마나 내게 큰지

너를 얼마나 사랑하는지
너를 얼마나 소중히 여기는지

내 목소리 들리니
널 향한 사랑 노래

나는 너를 사랑해
사랑이 다시 일어나

널 위해 피 흘려 죽을 만큼 사랑했어

이 사랑으로 영원히 너를

사랑해야 하는 이유

사랑하고 더 사랑하고
사랑해야 하는 이유

사랑 노래 멈추지 않을 이유
널 위하는 마음으로

우리를 위하여
노래하는 마음으로

함께 부르는 사랑
함께 부르는 행복

사랑해야 하는 이유
너를 사랑해

널 사랑한다면

널 사랑한다면
나를 더 사랑해

뺏기고 싶지 않아
다시 말할게

네 마음에 사랑
나 있어야 너 있어

널 사랑한다면
나를 더 사랑해

널 소중히 여기는 이유

너는 소중한 존재
내가 만들었기에

너는 특별한 존재
내가 사랑하기에

너는 중요한 사람
사랑할 수 있기에

너는 행복한 사람
행복을 전하며 살기에

오늘도 지금도
부르고 있기에

너는 내 기쁨

영원한 사랑

내 목숨 아끼지 않을 만큼

소중한 사람

소중한 너

중요한 너

걸작이야

혹시 다 떠나가도

너와 같이 영원히

널 사랑할 거야

지금처럼

사랑할 거야

물결

그럴 수 있어
네 마음

내가 있어
너에게

넌 사랑으로
살고 있어

오늘도 고백하는 것

사랑한다

사랑한다

말해 주시는 분들과

노래하는 이유

그렇게 노래하는 이유

그렇게 쓰는 이유는

사랑 때문에

함께 행복하기 위하여

잊지 않으면 돼

함께하고 있다는 사실만
누구랑 함께하고 있는지만
잊지 않으면 돼

내가 널 사랑한다는 사실만
늘 기억하면 돼

내 너를 사랑해
사랑한다 사랑해

너와 함께하려고

너와 함께하려고 왔어
사랑하러 왔어

너에게 사랑으로
너를 위하여

이 사랑이 나를
이 사랑이 나를 살려

나에게 와
기쁜 노래 되어 부른다

너의 함께하려고 왔어
사랑하러 왔어

이 사랑 내 노래

나와 함께하시는 주

삶이 노래일 수 있는 이유를

삶이 노래일 수 있는
혼자 부르지 않는 노래일 수 있는 이유를

다시 생각해
너와 함께인 이유

내 시에 사랑이 빠지지 않는 이유
나 혼자가 아닌 네가 있기에 쓸 수 있다고

너를 고백하는 이유
네가 나에게 있기에
우리이기에

나 내 사랑아 널 위해

너를 놓을 수 없어 부른다
함께하기에 노래일 수 있어

같은 노래를 부르고 싶어 쓴다
삶으로 부르는 하늘 노래 사랑 노래

오늘도 나를 세운다

오늘도 나를 세운다

마음을 쓰면서

사랑을 읽으며

기도하며 함께

서로 바라고 감사하며

사랑으로 나를 세운다

행복하기로 했다

나는 너와 행복하기로 했다
너와 함께하기로 했다
네가 어디서 무얼 하든지

너를 이 땅에 보내면서부터
너를 위해 죽기로 했다

이루었고 여기 너와 함께
널 사랑하며 가고 있어

빛으로

나에게도 너에게도
빛으로 다가오신

우리를 안아 주시는 사랑
그 사랑 그 빛으로

품어 주시는 분을
삶으로 노래하는

행복한 삶을
살고 있어

빛으로 살고 있어
그 빛으로 살고 있어

나와 너 우리는
그 빛으로 살고 있어

나에게도 너에게도
빛으로 다가오신

우리를 안아 주시는 사랑
그 사랑 그 빛으로

품어 주시는 분을
삶으로 노래하는

행복한 삶을
살고 있어

빛으로 살고 있어
그 빛으로 살고 있어

나와 너 우리는

그 빛으로 살고 있어

세우는 자리에

세우는 자리에 있음을
기억합니다

힘들고 지친 사람을
일으켜 세우는 사랑

사랑으로 품어 내는 자리에
세우심을 고백합니다

주님 세우셨다고
사랑을 전합니다

주님 모신 나
사랑 부자로 산다고

소중해

네가 소중해
얼마나 소중한지 말해 줄게

너를 다시 세워 줄게
너를 사랑한다고 말해 줄게

그렇게 오늘도 일어나
날마다 이길 수 있도록

함께하시네
나를 일으키시네

이대로 사랑하시네

이대로 사랑하시네 나를
내 주님 내 찬양되시는 분

지금 모습 이대로
날 사랑하시네

나 넘어져도 다시 일으키시네
나 어떤 사람인지 알게 하시네

너는 자녀라 말씀하시네
주님 자녀라 속삭이시네

나 지쳐 힘없이 걸을 때
주님은 모두 다 아시네

이대로 사랑하시네 나를
내 주님 내 찬양되시는 분

지금 모습 이대로
날 사랑하시네

나 쓰러져도 다시 일으키시네
나 어떤 사람인지 알게 하시네

너는 자녀라 말씀하시네
주님 자녀라 속삭이시네

나 지쳐 힘없이 걸을 때
주님은 모두 다 아시네

이대로 사랑하시네 나를
내 주님 내 찬양되시는 분

너를, 너랑

너랑 같이 하고 싶어서
행복 노래 부르고 싶어서

이렇게 쓰고
이렇게 불러

너를 바라본다
너를 사랑해

너를 부를 수 있어 행복해
생각만 해도 좋아

너랑 같이 하고 싶어서
행복 노래 부르고 싶어서

꿈꾸고

기도해

너를 사랑해서

너와 함께하고 싶어서

멈추지 않아

너를 놓지 않는
사랑하는 일을 멈추지 않는

아파도 너를
사랑하고 챙기는

멈추지 않아
함께하고 싶어

너를 사랑해
사랑하며 사니 행복해

잊지 않고 기억할게
너에게 다시 고백한 이날을

멈추지 않아

너를 사랑해

빛나도록

나를 넘어 다른 사람이
주님으로 빛나도록

내가 아닌 주님 일하시는 삶
도구 되어 쓰이니

주님이 일하시니
나는 부자로 삽니다

오늘도 내 힘이 아니라고
고백합니다

이렇게 살도록 하시니
감사합니다

나를 넘어 다른 사람이
주님으로 빛나도록

주어진 삶에

주어진 삶에
내 길은 함께 그리는 그림

혼자가 아니야
함께하시는 사랑이 있어

오늘도 사랑을 노래해
나도 너와 함께 가고 있어

너를 사랑한다
부르고 있어

삶에 지칠 때
나는 행복을 찾아

나와 함께하시는 사랑

너도 알기 원해

우리 삶은 주어진 삶

사랑으로 함께 걷는 길

행복한 너를

행복한 너를 위하여
함께 행복하기 위하여

너와 함께 노래하는 지금
너를 사랑하는 지금

너를 사랑하며
나를 배우고 있어

너를 사랑하기 위하여
다시 기도할게

너를 사랑한다
나를 사랑한다

향기가

향기가 되고 싶어
너를 위해
너만을 위해

사랑하고 싶어
내가 받은 사랑으로

그래 이렇게
이렇게 살고 싶어

우리를

우리를 사랑하시는
그분 이야기

그분으로 인해 존재해
그분과 함께라면

나는 사랑 부자
함께 나누고 싶어

Chapter 3

나를 일으키는
십자가 사랑

겸손히 나와

겸손히 나와 걷는
네 모습이 좋아

네가 나와 걷고 있다는 걸
내가 사랑하고 있다는 걸

천천히 내 뜻대로
내 손안에 있으니

고백대로

고백대로 살아야지
고백대로 나만
쓸 수 있니?

멈추지 않고
고백대로
내 힘으로

고백대로
살 수 있니?

네가 고백한 대로
함께 *쓰자*

네 고백대로

이루어 줄게

네가 하지 말고

내 힘으로 하렴

그 고백처럼

살아야지

나와 함께

함께하는 기쁨을
나와 사는 기쁨을
기억하고 누리길

넌 다 가지고 있지
알고 있지
사랑하고 있지

오늘도 내일도
네 마음을 받고 싶어
널 내 곁에 두고 싶어

뭐 하고 있니
어디에 있니

네 모습 지은 나
네게 준 나를 보는 너
나랑 사는 너

더 진하게 사랑하렴
너를 위해

지금 고개 들고
너와 함께하는
나를 보렴

잠시 멈춰 봐
앞을 봐
나를 봐

지금
나와 함께

내 십자가 사랑으로

사랑으로
내 십자가 사랑으로

널 보며 사랑으로
그 사랑으로

받은 사랑으로
사랑하렴

내 힘으로

내 힘으로 가는 거야
빛으로 가는 거야

내가 쓸게
내가 갈게

넌 내 손안에 있어
내가 다 할 거야

내가 왔다

내가 왔다
선물 왔다

잘 들어 봐
다 주려

나 주어
너 살려

행복 주러
사랑 보여 주러

너 사랑하니까

너 사랑하니까 십자가 지었지
너 사랑해서 물과 피 쏟았지

너니까
너니까

나 줄 수 있었고
사랑할 수 있어

어떻게 참을 수 있었냐고
너에게 나 주는 거니까
사랑하니까

네 모습 그대로 사랑하니까

다시 일어나자

그래 넌 나로 강해
내 힘으로 사니

내가 강하니 너도 강해
나로 사는 넌

다시 일어나 내 사랑
오늘도 함께 가자

나와 네 길
네 삶 속으로

하루 또 얼마나 빛나는지
내가 계획한 너의 하루

나로 시작한 하루

내가 함께 있어

내가 강하니 너도 강해

다시 일어나 내 사랑

생명 길

생명 길을
걷고 있는 거야
큰 산 같은 내가

너와 걷는
이 길이야
우리 사랑하는 길

십자가 사랑으로
열어 보인 길
피로 부른

너와 걷는 길
머무는 자리

가는 길마다 함께

붙잡고 걷고 있어

이런 삶이면 좋겠어

전부를

전부를

네 전부를

나로 고백하는 삶

찾아야지

찾아야지 사랑
첫사랑을

찾아야지 감사
십자가 사랑

찾아야지 행복
이 안에서

해와 달

너에게
빛인 나

내 사랑 너에게
해 주고 싶은 말

사랑해
함께해

널 보낼 때부터
알고 있었지

계획 속에 태어나고
나와 함께 살고 있어

귀한 너를 위하여

귀한 너를 사랑하는
내 사랑 이야기
들려줘도 또 들려주고 싶은 이야기

내가 지은 귀한 너를 위한
십자가 사랑 이야기

귀한 너를 사랑하는
내 사랑 이야기
오늘도 들려주고 있다
귀한 너를 위하여

나의 삶이 노래 되어

나의 삶이 노래 되어
행복을 부른다

사랑을 부른다
그 십자가 사랑
그 피 사랑

삶으로 부른다
그 행복 그 노래
그 사랑 향한 마음을

변함없이 이렇게 살고 싶어
나의 삶이 노래 되어
행복을 부르며

날마다 사랑해

내가 너를 날마다
내가 너를 사랑해

날마다 사랑해
네 모습과 상관없이

나를 쏟아서 사랑해
그래 이렇게 사랑해

널 지은 순간부터
너를 향한 사랑을

오늘도 함께야
너를 바라보고 있어

내가 너를 날마다
내가 너를 사랑해

세상 그 어떤 사람보다
내가 너를 사랑하고 있어

그 누구도 내 사랑
대신하지 못해

너는 아름다운 사람
너는 내 앞의 꽃

사랑해 사랑해
널 사랑해

날마다 사랑해
내 징민아 내 니를

내가 네 안에
십자가 사랑 네 안에

내가 너를 날마다
내가 너를 사랑해

내가 사랑해서

사랑이 너를 살게 한다
나의 사랑 널 일으킨다

사랑해서 널 지었다
널 빚기 전부터 사랑했어

너의 모든 순간을 사랑해
사랑해서 십자가 택했어

널 살리는 사랑
이렇게 사랑해서

이 자리에
네가 숨 쉬고 있어

그래서 쓸 수 있어
부를 수 있어

사랑이 너를 살게 한다
나의 사랑 널 일으킨다

내가 필요해

내가 필요해
너에게는
이 세상에는

언제나 내가
내가 필요해
사랑이 필요해

다른 데 볼 때가 아니야
나를 봐 하늘 봐
이 모습을 바라봐

내가 필요해
너에게는
이 세상에는

너를 위해 너에게로 왔어

너를 위해 너에게로 왔어
너와 함께하러 왔어

너에게 나 주려고
내 사랑 보이려

너 살려 행복하게 하려고
그 사랑 십자가 지러

너를 위해 너에게로 왔어
너와 함께 살며 노래 되려고

너에게 아낌없이

너에게 아낌없이
나를 담아서

내 형상대로
내 사랑을 담아서

특별하고
존귀하게

너를 빚어
이 땅에 보냈다

내 지은 사랑
너는 내 자녀

이 이유 하나
너는 소중한 사람

나를 담아서 지은
너는 꿈꾸는 사람

나를 아낌없이
너에게 남김없이

너에게 아낌없이
나를 담아서

네 어떠한 순간에도

네 어떠한 순간에도
네 안에 나 있어

네 어떠한 순간에도
내 사랑이 있어

변하지 않아
달라지지 않아

널 사랑해
널 사랑해

내 사랑 안에
거하기 거해

네 어떠한 순간에도
네 안에 나 있어

네 어떠한 순간에도
내 사랑이 있어

이미 내 안에 있어
널 사랑해 불러

내 사랑 내 노래
내 어여쁜 자야

내 사랑 안에
거하기 거해

너를 바라보는
내 눈이 말해

십자가 그 길
사랑이라고

너를 보면
사랑스러워 아파

네 어떠한 순간에도
그런 내가 있어

내 사랑 안에
거하기 거해

너와 함께
너의 앞에

너를 사랑하는
함께하는 내가 있어

너를 누구보다
사랑하는 내가 있어

그 어떠한 순간에도
날 보기 원해

내 사랑 안에
거하기 거해

사랑으로 약속했어

사랑으로
약속했어

그 사랑을 알 때
너는 진정 행복해

알고 있는 너는
이미 행복해

영원히 너랑
행복하고 싶어서

십지기 사랑으로
약속했어

기다리는 사랑으로

기다리는 사랑으로
기다려 주시는 사랑으로

십자가로 품으신 주님 사랑으로
내가 살아갑니다

행복을 주시기 위하여
자기를 내어 주시기 위하여

그 사랑으로 내가 섭니다
사랑으로 살게 하시니 감사합니다

나에게 와 있을 때

너는 나에게 왔을 때 행복해
나랑 있을 때 네가 돼

나를 바라볼 때
너를 알 수 있어

내가 너의 행복
내가 너의 노래

내가 너의 쉼이 될 때
너는 쉬어 갈 수 있어

너는 니에게 오렴
내 넓은 품 너를 안아 줄게

내 앞에 십자가 그 자리
너를 향한 사랑 흘린 피 앞에

항상 있을게 너와 함께
네 곁에 내 안에 그 자리에

언제나처럼 오늘도
네 곁에 있어 너와 함께해

내 너를 사랑해

내 너를 사랑해
사랑해 날마다

너를 위하여
이렇게 노래해

내 정민아
내 사랑은 변하지 않아

다시 일어나
나랑 노래하자

나만 바라고
나만 노래해

십자가 사랑을 노래해
나를 세상에 보여

너 힘들 때에
나 노래해

너 언제나
나 바라봐

사랑 손으로 안아 줄게
사랑해 사랑해 너를 사랑해

너 쉬고 싶을 때

너 쉬고 싶을 때 예배해
너 쉬고 싶을 때

너 쉬고 싶을 때 사랑해
나를 사랑해

쉼 없이 달렸다 느껴질 때
나를 바라봐

네 삶이 지칠 때
무엇을 보니

시금 어니에 있니
너를 향한 사랑을 봐

너

너는 내 자녀
너는 내 특별한 자녀

네 마음에 네 마음에
내가 있을 자리를

너의 전부를 내어 줄 수 있니
네 행복이 나라고 말할 수 있니

지금처럼 언제나 나만을 전하며
나만을 바라볼 수 있니

네 전부가 되고 싶어
너와 함께 언제나 함께할 거야

너에게 주고 싶은데

너에게 주고 싶은데
사랑을 주고 싶은데

너에게 주고 싶은데
아낌없는 사랑

알려 주고 싶은데
내 죽음으로 사랑했는데

빛으로 왔는데
네 빛이 되고 싶은데

네 가치 나에게

네 가치 나에게 둬
네 전부라 고백해

가치가 나에게 있다고
나를 사랑한다고

너에게 내가 있다고
행복하다고

가치를 알고 산다고
네 가치 나에게 두고

너의 가치는 어디에
나에게 있단다

잊지 마 기억해

너는 나로 인해 존재해

내 사랑만이 너를 살게 해

십자가 사랑이 너를 일으켜

위로자

네 위로자
나뿐이야

아프고 힘들고 슬프고 힘들 때
나를 바라보며 이겨 내

나를
십자가를 생각해
네 행복만을 생각해

언제나 너와 함께하는 나를
내가 네 위로자 사랑하니까

이토록 사랑해

너를 이토록 사랑해
죽기까지 사랑했는데

너는 나를 이토록
너는 나를 이토록

얼마나 사랑하니
너는 나를 얼마나

나를 위한 노래를
이토록 사랑 담아 부르며
살아 내고
나를 전신으로 고백하니

나 죽어 살려 낸 사랑
사랑으로 준 생명

다시 살아 너와
함께하는 사랑

나를 아니
이토록 사랑한 나를

지금도 사랑해
이토록 사랑해

행복하게 하려고

너를 행복하게 하려고
내가 왔는데

너를 살리려고
내가 왔는데

함께하고 싶어
내가 왔는데

너는 사랑이라 말하려
너를 사랑하러 왔는데

너에게 나를 주러 왔는데
너에게 피 쏟으러 왔는데

왜 몰라
알아도
너 지금 나에게

어디에 집중하니
나만 바라보니

다시 일어나
다시 고갤 들어

너를 행복하게 하는
네 행복 나만 바라라

사랑을 말하고 있으니
시선을 나에게 돌려

나를 들어 봐
사랑을 들어 봐

지금 이 음성
사랑을 담았으니

사랑해

너를 바라본다
함께하려고

너에게 쓴다
행복을 전하기 위해

쓴다
노래한다

주님 십자가 사랑 이야기
너를 사랑해

Chapter 4

잠잠히 부르는
고백 기도

노래하는 이유

이유를 다시 고백해

내 노래 이유

내게 주어진 삶

내 행복 고백하는 삶

멈추지 않을 노래

주님 전하는 노래

삶이 노래니까

사용당하자

행복을 전하는 일에
주님 전하는 일에

주신 삶으로
나로 나답게

자기답게
살아 내며 그렇게

살게 하소서

사랑으로
내 사랑으로
살아야 해

말로
내 사랑의 말로
살아라 하신

그 마음 알고
살게 하소서

채워 주심을

채워 주심을
사랑해 주심을

함께하심을 오늘도
고백하게 하시니

어디서나 함께하시며
만지시는 주님 느끼며
살게 하심을 또한

매 순간
채우심을 보며
친밀하게 하시니
감사합니다

기도하는 마음으로

기도하는
마음으로

흘린 눈물이
헛되지 않도록
쓰며 기도합니다

이 눈물이 노래 되어
지금 전해집니다

이 행복한 마음이
전해지도록

행복한 마음으로

노래하며

다시 나아갑니다

내 속에서 나오는 고백

나를 보며 기도해

언제나 내 속 고백

노래만 흘러나오길

진정하고 싶은 말

빛나는 모습만

그렇게 매일

빛나는 사람으로

늘 배우며 기도하는

그렇게 바라보는 모습

나를 주님 앞에

사랑하는 사람들 앞에

바로 서 나아가길

바르게 살기를

내가 걸을 수 있는 이유

사랑할 수 있는 이유
함께할 수 있는 이유

오늘도 걷고
살 수 있는 이유

너와 웃을 수 있어서
내겐 주님이 계셔서

네가 나로 여기에
존재하는 이유

주님

너와 함께 오늘도 걷는다

네겐 내가 있다
너와 함께 오늘도 걷는다
널 놓을 수 없다

때로 흔들려도
이 사랑이 가게 하네
내 주님 이 사랑

그렇게 여기까지
내 노래 한가락
주님 함께하시네

오 사랑하시네
오 주 함께 쓰시네

내 사랑 나의 주님이

네겐 내가 있다
너와 함께 오늘도 걷는다
널 놓을 수 없다

살아 내는 노래

말하는 대로
부르는 대로

삶이 노래 되어
나 그대로

순수한 노래 부르며
함께 걷는 길

언제나 기도합니다

삶으로 고백합니다

삶으로 고백하는 행복
말을 많이 한다 해도
다 표현 못 하니

주님과 함께하는 행복
삶으로 고백합니다

어떤 상황에도

어떤 상황에도 복이라 말할 수 있는 건
날 사랑하시는 주님 함께하시니

어떠한 상황에도 웃을 수 있는 건
나의 손을 놓지 않는 내 사랑 나의 주님

어떠한 상황에도 나로 다시 걷는 건
내 안에 계신 주님이 다시 일으켜 세워 주시니

잠잠히 부르는 노래 1

잠잠히 부르는 내 노래는
주님을 향한 노래

매일 불러도 모자라
그렇게 오늘도

잠잠히 더 잠잠히
나오는 이 노래를

부족한 입술 열어
주님을 향해

잠잠히 부르는 노래
내가 사는 한 끝이 없어

잠잠히 부르는 노래 2

그렇게 주님을 불러 봅니다
오늘의 나는 주님이 필요합니다

주님 없이는 하루도
몇 시간도
몇 분도 버티지 못하는
날 고백합니다

예배하는 마음 살아나길
삶으로 부르는 노래

사랑이 끝나지 않듯
주 손 잡고 영원 영원히

지금

지금 부르는 이유
지금 쓰는 이유
내가 사는 이유

사랑 전하는 데에
행복을 쓰는 사명에
이 마음 나누는 데

여기 있다 내가
지금 걷는 이 길
놓지 못할 이유

지금 부르는 이유
지금 쓰는 이유
내가 사는 이유

함께 계시기에

그 어떤 순간도
행복함을 고백합니다
주님이 계시기에 행복합니다

다시 고백합니다
사랑이 계셔
행복합니다

그 어떤 것도 행복으로
이겨 낼 수 있음을
오늘 하루를 통해
바라봅니다

나를 드립니다

하나님 나의 주님
주님 나의 아버지
나를 만나 주소서

나를 주께 드리니
나를 받아 주소서

내가 간구하고
기도하오니
나를 회복시키소서
구원의 기쁜 노래를

나의 기도를 들으시고
함께하소서

모든 상황을 주께 맡기오니
나의 기도를 받으소서

더욱 전심으로
주님을 사랑하지 못함을
회개합니다

여전히 사랑하시는 그 사랑
내가 믿사옵니다
회복을 믿고 선포합니다

주님이 나의 주님이시니
내가 주님을 찬양하며
주님께 의지하옵니다

나를 예배자로

나를 진정 행복하게 하시는 분을
오늘도 바라보며 노래합니다

말로만 사랑하지 않게
사랑을 가르치소서

나를 사랑하는 내가
기쁨의 예배자 되게 하소서

나를 진정 행복하게 하시는 분을
오늘도 바라보며 노래합니다

내가 걷는 길 나의 삶

내가 걷는 길 나의 삶
주님 손안에 있어

내가 걷는 길이
나의 삶이 주님 것이라

내가 노래하는 이유
다시 고백하는 이유

나 주 사랑으로
내가 살고 있기에

살고 있다는 사실이
나 주를 노래하며

주와 함께
살게 걷게 예배하게 하네

굽은 길 갈 때도
평탄 길 걸어도

주를 바라보게 하네
주를 사랑하게 하네

주와 함께 걷는 길에서
주가 주신 나의 삶 속에서

나는 주의 것
외치게 하네

내가 이제는

내가 이제는
쉬고 싶다 하면
더 진하게 다가오시는 주

내 안에서 쉬렴
쉬고 싶다 할수록
더 전하게 하시는 분

행복하다 주님과 함께
나 이제는 쉬리라
살며 노래하며

그래 이제는
쉼의 노래 부르며

그래 이렇게 쉰다

나는 오늘도 행복하다
나는 오늘도 쉬고 있다
행복과 함께 쉰다

너의 노래

너의 노래
나를 향해

너의 노래 너의 노래
행복만 노래하길

너의 노래
나만을 노래하길

나와 함께 노래하길
나와 함께 행복만

내가 너만 바라보며
노래하는 것처럼

네가 설 수 있는 이유

내가 나로 설 수 있는 것
주님이라 고백해요

오늘도 내가 아닌 주님을
삶으로 전하는 이유

주님 사랑 안에
붙들린 삶이기에

나를 놓지 않는 주님
오늘도 바라봅니다

들어 봐

너를 향한 나의 마음을 들어 봐
너를 향한 나의 노래

내 사랑을 들어 봐
마음 다해 듣고 함께해

내 사랑 알잖아
십자가 사랑을

다시 함께하자
이미 내 안에 살고 있어

내가 널 사랑하듯이
너도 사랑한다면

이 마음도 알고 있어
얼마나 사랑하는지

네 삶으로 듣고 싶어
얼마나 사랑하는지

나와 노래하며 쉬어
내가 사랑하는 너를 불러

내가 불러 주는 노랠 불러
너를 향한 나의 노래

너를 향한 나의 마음을 들어 봐
나와 노래하며 쉬어

쉼을 고백합니다

쉼이 필요합니다
기다리겠습니다

행복합니다
진정한 쉼을 누립니다

삶을 붙잡고 가시는
그 손 그 손이 함께하시니

살아갈 수 있다고
쉴 수 있다고

저의 힘이 아닙니다
쉼을 가지려 합니다

노래할 수 있는 이유
시를 짓는 이유
쉼에 있습니다

쉬지 않지만
쉬고 있습니다

달려가나
달려가지 않습니다

힘든 길 같아도
힘들지 않습니다
사랑이 함께하기 때문입니다

오늘도 기다림
쉼을 배웁니다
사랑을 배웁니다

기도합니다
기다리는 마음을

쓰러짐을 고백합니다

주 앞에 쓰러짐을 고백합니다
쓰러짐이 고백일 수 있는 이유
주님 계시기에

매일 쓰러져도
다시 일어납니다
노래합니다

쓰러져도
감사를 고백합니다
주님을 찬양할 수 있으니

모든 순간 주님 손길이 함께하시니
때로 지쳐 쓰러져도

행복합니다

나 쓰러짐을 노래로 바꾸시는
주님으로 인해
살아갑니다

주 앞에 쓰러짐을 고백합니다
쓰러짐이 고백일 수 있는 이유
주님이 살게 하시니

그렇기에 노래합니다

그렇기에 노래합니다
사랑하기 때문에

그렇기에 꿈을 꿉니다
함께하시기에

그렇기에 기도합니다
행복하므로

그렇기에 노래합니다
그렇기에 고백합니다

주님을
사랑을

삶을

행복을

내 자리로

내 자리로 돌아와
주님으로 살기에
행복하다고 고백할 수 있기를

지치고 힘들 때
언제나 주님만 바라길
다시 기도해

지금 오늘 주님으로
만족하기 원해
감사로 내 모습 드려

삶 주 찬양
날마다 주님께

내 마음을

내 자리로 돌아와
주님으로 살기에
행복하다고 고백할 수 있기를

내가 걷는 길

내가 걷는 길이
주의 길 되도록 기도해

삶이 주를 위한 노래
사랑에 매어 살도록

내가 주 향기가 되어
이렇게 살기를

날마다 기도해
주님 길 가도록 기도해

다시 주님을 기다립니다

주님이 원하시는 예배
주님만이 내 전부 되시기를 기도합니다

나를 넘어 내가 아닌
주님 사랑을 바라보게 하소서

나를 버리는 고백을
내가 아닌 주님을

주님으로 살게 하소서
나를 내려놓게 하소서

나 내려놓고 주님을 보게 하소서
다시 주님을 기다립니다

어린 나를

어린 나를
날마다 사랑하시는 주

어린 나를 주 앞에
주 앞에 드립니다

주 사랑 안에 거합니다
주 앞에 아름다운 예배자 되게 하소서

순수한 믿음을 회복시키소서
어린아이 같은 믿음을

어린아이 같은 나를 드리게 하소서
나를 드립니다 도우소서

어린 나를
사랑하시는 주 앞에

지금 네 꿈을

지금 네 꿈을
마음을 일으켜 세워 줄게

너와 함께 노래하는 꿈과 사랑
너와 함께 노래할게

다시 일어나 행복을 기도해
새 꿈을 사랑으로 품은 너를 응원해

사랑하고 있는데

사랑하고 있는데 아플 때
결국 나 찾는 건 행복
기도밖에 없는걸

내가 고백할 수 있는 행복
다 고백해
다 노래해

내 삶은 행복인데
때로 잘 보이지 않아 모르지

진짜 하려는 말
사랑하는 이름을 부른다

살아가는 이유이기에
때로 아프지

함께하기에
행복하지

시인으로
사람을 쓴다

사랑하고 있는데 아플 때
결국 나 찾는 건 행복
기도밖에 없는걸

삶의 노래를 부른다

웃고 싶다 생각했지만
끝까지 지켜지진 않았다

웃자
내 앞에 언덕 위에
올라 넘어가리라

힘들고 아파서 시를 쓴다
마음을 부른다
그럼에도 소중하다고

행복을 부른다
아프게 **부른다**

생각해 보면 작은 너를
감당하지 못하고
비밀의 불이 켜졌다

동시에
작은 소녀인 너를
지금 여기서 본다